「不惜身命」特別版 ビジュアル海外巡錫シリーズ

大川隆法
ニューヨーク巡錫の軌跡

自由、正義、そして幸福
FREEDOM, JUSTICE, AND HAPPINESS

〔監修〕**大川隆法**
幸福の科学 編

2001年9月11日、同時多発テロ事件で崩壊(ほうかい)したワールド・トレード・センター跡地に再建された超高層ビル「ワン・ワールド・トレード・センター」(写真中央)。

Master's Lectur

岐路に立つ世界 未来への指針と

「オバマ氏が大統領になった場合、アメリカは『世界の警察』の使命を放棄する」――。2008年、大川隆法総裁が法話「豊かな心を形成する」でそう洞察してから8年間が経ち、実際、オバマ政権はアメリカに少なからぬ〝チェンジ〟をもたらした。弱りゆく国力、軍拡を進める中国に断固とした対応が取れない外交、レッド・ステート（共和党支持の州）とブルー・ステート（民主党支持の州）で割れ、「Divided States of America（アメリカ分裂国）」と評される国内情勢――。あの9・11から15年、そして大統領選1カ月前という節目に再びアメリカを訪れた大川総裁が説いた、未来の展望とは？

e in NEW YORK

に贈る、
は。

Contents

岐路に立つ世界に贈る、未来への指針とは。············ 002
On American history ············ 006
大川隆法総裁、世界5大陸巡錫の歩み············ 012

Chapter 1 A Lecture in 2016
Freedom, Justice, and Happiness
法話「自由、正義、そして幸福」············ 014

【COLUMN】
全米4大ネットワークFOX系列のテレビで大川隆法総裁の法話が放送 ··· 034

Chapter2 A Q&A Session in 2016
Freedom, Justice, and Happiness Q&A ············ 036

【COLUMN】
大川総裁は「トランプ大統領」誕生を、年初から予見していた ······· 058

Chapter 3 A Lecture in 2016
法話「ニューヨークで考えたこと②」......060

【COLUMN】
「世界恐慌の恐れ」の最中で説かれた、力強い希望のメッセージ......084

ウォールストリートで働いていた、若き日の大川総裁......086

著書に見る大川総裁ニューヨーク時代の逸話......088

Happy Science in NY......090

Epilogue......092

世界に広がる幸福の科学......094

BOOKS......098

幸福の科学の信仰と教え......106

幸福の科学 支部・精舎紹介......108

幸福の科学グループのご案内......110

入会のご案内......112

アメリカ経済の中心であるニューヨークのマンハッタンとブルックリンを結ぶ「ブルックリン橋」。

On Ameri

繁栄か衰退か。転機を

can history

迎えた超大国の選択は?

「私はすべてのアメリカ国民の
大統領になる」──。
2016年11月9日未明、次期アメリカ大統領に
選出されたドナルド・トランプ氏は、高らかにこう宣言した。
政治経験豊富な対立候補、ヒラリー・クリントン氏の勝利を
誰もが予測するなかの勝利は
「トランプ・ショック」と呼ばれた。
その大逆転劇はアメリカ国内はおろか
世界各国にも衝撃をもって受け止められ、
今後のアメリカの動きに注目が集まっている。
同国の歩みを紹介する。

AFP＝時事

アメリカ合衆国、建国と

1775年
カナダ・ケベックを巡ってイギリス軍との間で行われた「ケベックの戦い」。

1776年
独立宣言に署名する、ベンジャミン・フランクリンなどのメンバー。

独立戦争を指揮し、劣勢をはねのけて勝利を収め、初代大統領になったワシントン。

　アメリカ大陸が世界史に登場したのは1492年。コロンブスによる大陸の「発見」以降、オランダ、フランス、イギリスなどの国々が、富を求めて次々と「新大陸」へと渡った。
　それらの国々は産出される権益を巡って互いに争ったが、1756年に始まった「7年戦争」の結果、イギリスが新領土を植民地とした。

　その後イギリスは、「新大陸への警備費と戦費を賄うため」に植民地へ課税するも、植民地では大きな反発が巻き起こった。これが、イギリス本国との対立を招き、「独立戦争」を引き起こすことに。
　ジョージ・ワシントン率いる独立軍は「自由か死か」を合言葉に、武器や兵糧面での不利をはねのけ、

🇺🇸 On American history

その後の動乱。

1862年
閣僚に奴隷解放宣言の初稿を提示する第16代リンカン大統領。

有名な「人民の人民による人民のための政治」という演説は南北戦争の激戦地で行われた。

1905年
1905年に撮影されたマンハッタンの様子。南北戦争後には大陸横断鉄道も開通し、農作物や工業用品が輸送できるようになり、大きな利益が得られるようになった。

1781年にイギリス軍を撃破。1783年に独立が承認され、初代大統領にワシントンが就任した。

独立後のアメリカは、北部と南部で異なる発展を遂げた。

ニューヨークを中心とした北部は、産業革命が進んで商工業が発展。奴隷をさほど必要としなかった。一方の南部の産業の中心は農業で、作業には多くの奴隷が必要とされた。結果、北部と南部で軋轢が生まれ、1861年には南北戦争が勃発する。

当初は南軍が優勢を保つも、リンカン大統領を擁する北軍は次第に盛り返し、1865年、南北戦争は北軍の勝利で終結。以後、アメリカは目ざましい発展を遂げ、世界的な大国への道を歩むこととなる。

世界の超大国、隆盛と

1944年
ボーイング社で製造され「要塞」との通称もあったB-29戦略爆撃機。

1961年
1960年代の終わりまでに、月に有人飛行すると宣言した、第35代ケネディ大統領。

1969年
月面に星条旗を立てるアポロ11号の乗組員。米ソの対立は、宇宙開発の分野にまで及んだ。

　1914年に始まった第一次世界大戦は、アメリカに転機をもたらした。ヨーロッパに武器と食糧を供給したことで空前の好景気にわき、アメリカは世界第1位の経済大国となった。
　しかし、それも長くは続かなかった。大戦が終わりアメリカ産製品が売れなくなったことで、世界恐慌が発生。各国は対策として「自国と植民地間でのみ行われる排他的貿易体制の構築」、つまり経済のブロック化を進めた。結果、資源の少ない日本等の国は資源調達に困窮、これが次の世界大戦の遠因となった。
　1941年12月、日本の真珠湾攻撃を機に第二次世界大戦に参戦したアメリカ。豊富な物量を背景に日本・ドイツ・イタリアをねじ伏せ、超大国

On American history

転機———。

イラク戦争で中東に展開したアメリカ海兵隊。

2001年

国防総省で会見する第43代ブッシュ大統領。

ノーベル平和賞を受賞するなど、当初は世界的称賛を浴びたオバマ大統領。しかし、混乱するシリアを放置したり、覇権主義的な性格を強める中国に弱腰の姿勢を示したりするなど、その任期中、アメリカの繁栄に陰りも見えた。

の地位を確実なものとした。

だが、戦後待ち受けていたのは、もう一つの超大国・ソ連との「冷戦」だった。両国間で世界の主導権を巡る対立が起こり、核兵器を含む軍備の拡張が続いた。

結局、ソ連が軍拡競争に耐えられず崩壊したことで、冷戦も終結。「アメリカの世紀」が続くかに見えた。

しかし、2001年の「同時多発テロ」や2008年の「リーマン・ショック」以降、アメリカは変わった。テロや世界恐慌への恐怖は萎縮を生み、バラク・オバマ大統領が2013年に「アメリカは世界の警察ではない」と宣言すると、アメリカの退潮は加速。自由や繁栄を謳歌したかつての姿は、失われつつあった。

Worldwide Lectures 大川隆法総

巡錫とは、錫杖をもった僧が各地を巡り歩いて教えを広めることを意味する。大川総
その歩みは世界5大陸に広がった。その軌跡を、各法話のキーフレーズと共にダイジェ

2012.6.23 ウガンダ・カンパラ
"The Light of New Hope"

「あなたがたの内には、光があります。自分自身に、自信を持ってください」

「多くの苦しみがあ
強くありなさい。
人生に対し積極

2011.3.6 インド・ブッダガヤ
"The Real Buddha and New Hope"

「悟りとは、『新たな希望』です。この21世紀から30世紀にかけて、そして、それ以降における、新たな希望なのです」

「真なる愛は、希望
望は、繁栄をもた
あなたがたに、真

---

1 アメリカ	2007.11.18 ハワイ "Be Positive"	**4** イギリス	2008.7.27 ロンドン "What is Real Life?"
2 アメリカ	2008.3.21 サンフランシスコ "On Happiness" 2008.3.23 ロサンゼルス "Happy Attitude"	**5** アメリカ	2008.9.28 ニューヨーク "The Way to Success"
		6 台湾	2008.11.9 台北 仏国土ユートピアの実現
3 韓国	2008.6.15 ソウル 信じ合う心	**7** オーストラリア	2009.3.29 シドニー "You Can Be the Person You Want to Become"

裁、世界5大陸巡錫の歩み

裁は2007年以降、各国への巡錫を本格的に開始し、
ストで紹介する。

2007.11.18 アメリカ・ハワイ
"BE POSITIVE"

るでしょう。されど、
勇敢でありなさい。
的でありなさい」

2010.11.14 ブラジル・サンパウロ
愛と天使の働き

をもたらします。真なる希
らします。真なる繁栄は、
なる自由をもたらします」

＊地図上の数字1～15は巡錫の順序を示している。

8 ブラジル
- 2010.11.7 サンパウロ　神秘の力について
- 2010.11.9 ソロカバ　常勝思考の力
- 2010.11.10 ジュンジャイ　幸福への道
- 2010.11.12 サンパウロ　真実への目覚め
- 2010.11.14 サンパウロ　愛と天使の働き

9 インド / ネパール
- 2011.2.27 デリー "FAITH AND LOVE"
- 2011.3.2 ムンバイ "HOW TO SUCCEED IN LIFE"
- 2011.3.6 ブッダガヤ "THE REAL BUDDHA AND NEW HOPE"
- 2011.3.4 カトマンズ "LIFE AND DEATH"

10 フィリピン / 香港
- 2011.5.21 アンティポロ "LOVE AND SPIRITUAL POWER"
- 2011.5.22 "THE FACT AND THE TRUTH"

11 シンガポール / マレーシア
- 2011.9.15 "HAPPINESS AND PROSPERITY"
- 2011.9.18 クアラルンプール "THE AGE OF MERCY"

12 スリランカ
- 2011.11.6 スリ・ジャヤワルダナプラ・コッテ "THE POWER OF NEW ENLIGHTENMENT"

13 ウガンダ
- 2012.6.23 カンパラ "THE LIGHT OF NEW HOPE"

14 オーストラリア
- 2012.10.14 シドニー "ASPIRATIONS FOR THE FUTURE WORLD"

15 アメリカ
- 2016.10.2 ニューヨーク "FREEDOM, JUSTICE, AND HAPPINESS"

Chapter 1 A Lecture in 2016

Freedom, Justice, and Happiness

法話「自由、正義、そして幸福」

〔英語説法・抜粋〕

October 2, 2016 at Crowne Plaza Times Square Manhattan, USA
2016年10月2日　アメリカ合衆国　クラウンプラザ・タイムズスクウェア・マンハッタンにて

アメリカ大統領選を約1カ月後に控えたアメリカで説かれた英語法話「Freedom, Justice, and Happiness」。その一部を抜粋して紹介する。

和訳

オバマ政権下で起きたアメリカの変容

　みなさん、こんにちは。今日は、「自由、正義、そして幸福」という、非常に難しいテーマです。これは、大統領選挙にふさわしいテーマだと思いますが、私としては宗教的観点からのみお話ししたいと思います。

　正直なところを言えば、ニューヨークは少し変わったように思います。ある意味では非常に静かであり、ある意味ではバイタリティーに欠け、また、ある意味では哲学がないように感じました。また、日本と同様、コーヒー店のスターバックスが増えており、これは注目すべきことだと思います。8年前に来たときは、スターバックスなどは目にしませんでした。

　ですから、「アメリカは少し変わった」というのが、私の印象です。上流階級のアメリカ人は減り続け、経済的・政治的に底辺の人たちも減り続け、中流階級の人たちが増え続けているのです。

To tell the truth, NY is a little different, I think so. It's very, in some meaning, silent, in some meaning, no vitality, and in some meaning, no philosophy. I found that.

正直なところを言えば、ニューヨークは少し変わったように思います。ある意味では非常に静かであり、ある意味ではバイタリティーに欠け、また、ある意味では哲学がないように感じました。

かにすることに尻込みするようになったら、アメリカという国はおしまいだ」と思っています。「私たち」とは、「アメリカ人以外の人々」のことです。なぜならそれは、アメリカン・ドリームの1つだからです。

　アメリカは、アメリカ人だけのものではありません。アメリカは、世界のリーダーとなるために存在していると思います。あなたがたには、「世界の新しい夢を創る使命」、世界の未来図を示す新たな使命があるのです。しかし、これがまさに欠けていると、ニューヨークに来て感じました。

You have the mission to make a new dream for the world. A new mission to show the future picture of the world.

あなたがたには、「世界の新しい夢を創る使命」、
世界の未来図を示す新たな使命があるのです。

ニューヨークの思い出

　私が初めてアメリカに滞在(たいざい)したのは、ロナルド・レーガン政権の初期、1980年代の初めで、当時はウォールストリートで働いていました。

　次に来たのは1996年で、そのときはビル・クリントン政権の時代でした。

　そして、2008年、前回の講演の機会に来ました（注。英語法話「The Way to Success」。本書p.84にコラムを掲載(けいさい)）。

　そのときまさに、元ＦＲＢ（連邦準備制度理事会）議長のアラン・グリーンスパン氏や麻生太郎元首相が言うところの「大恐慌(だいきょうこう)」が始まったのです。そのとき彼らは、「100年に一度の危機」というようなことを言っていました。

　しかし私は、2008年9月28日にアメリカで講演し、その後日本に戻って10月5日にも話をしたのですが、「これは大恐慌ではなく、そのように予測すべきではない」と言いました（注。

HAPPY SCIENCE

You must not love the "Divided States of America." You must be the "United States of America." "Divided States" is not good for everyone of the world. So, this country should not be the "Divided United States."
Be "America, the United States."

〝アメリカ分裂国〟がいいと思ってはいけません。「アメリカ合衆国」でなければなりません。〝分裂国〟は、世界の誰のためにもなりません。この国は、〝分裂合衆国〟であってはならないのです。
アメリカであってください。「合衆国」であってください。

法話「ニューヨークで考えたこと」。書籍『朝の来ない夜はない』〈幸福の科学出版刊〉参照)。

結局その後、私の予測のほうが当たりました。

アメリカよ、「合衆国」たれ

私は今、「アメリカの新たなスタイル、新たなビジョンを提示しなければならないのではないか」と感じています。

〝アメリカ分裂国〟がいいと思ってはいけません。「アメリカ合衆国」でなければなりません。〝分裂国〟は、世界の誰のためにもなりません。この国は、〝分裂合衆国〟であってはならないのです。

アメリカであってください。「合衆国」であってください。

レッド・ステート(共和党支持の州)もブルー・ステート(民主党支持の州)も、最終的には同じゴールを目指すべきです。アメリカは「世界の守護者」でなければならないと思います。それがあなたがたの使命です。

しかしながら、大統領選の候補者たちの演説には、一種の孤立主義が感じられました。それはゲームに過ぎないのですが、

もし彼らが本心からそう思っているとしたら問題だと思います。

■「日本は大き過ぎて守れない」

この８年間、アジアにおける緊急事態、危機的状況は深刻さを増してきました。日本人は、核兵器を所有している国々に囲まれています。ですから今、私たち日本人は、これらの国にどのように対処し、彼らをいかに戒めていくかを決めなければなりません。

これは難しいことです。日本は、「敵」と戦うことはしません。日本の憲法で禁止されているからです。

アメリカは国家予算が大赤字なので、日本に対して「もっとお金を出すか、自分たちで国を守ってほしい」と思っています。

ドナルド・トランプ氏は「日本は大き過ぎて守れない」と言いましたが、彼の言う通りです。トランプ氏は正直な方だと思います。

日本は、大き過ぎるのです。

Mr. Donald Trump said
Japan is too big to protect.
He said so. It's true.
I think he is an honest man.
He is honest. Japan is too big.

ドナルド・トランプ氏は「日本は大き過ぎて守れない」と言いましたが、彼の言う通りです。
トランプ氏は正直な方だと思います。日本は、大き過ぎるのです。

さらに難しいのが、中国の問題です。中国も拡張しつつあり、「中華帝国」として新たな覇権を得ようとしています。
　私はもちろん、中国が好きです。日本と中国は過去2000年間、友好国であり、日本は中国から多くのことを学びましたし、両国の経済交流は非常に深く高度なものになっています。しかし私はここで、「中国には哲学がない」ということも指摘しておきたいと思います。
　もちろん、ある意味で、彼らにも小さな哲学があることはあり、それが「プラグマティズム（実用主義）」です。アメリカのみなさんは、すでに100年以上前からこのプラグマティズムを知っており、実用的な意味におけるプラグマティズム哲学に従ってきました。
　その基準は、「役に立つか立たないか」「使えるか使えないか」「利益になるかならないか」のみです。今の中国には哲学がありませんが、何らかの哲学があるとすればプラグマティズムです。アメリカと中国のどちらにも、「プラグマティズム哲学」があるのです。

アメリカに必要な「ヒーローを超えた存在」

　私は今、「あなたがたは、違った国へと変化していかねばならない」と申し上げたいと思います。
　これより後、「新たな哲学」を持つことです。
　みなさんはお金をたくさん稼ぎ、豊かになってはいますが、「豊かになった後もプラグマティズムしかない」というのでは、人間として非常にみじめです。
　我らは神に創られたる者であり、神の願いはプラグマティズムより大きなものであるのです。

Now, I insist that you transform into another country.

私は今、「あなたがたは、違った国へと変化していかねばならない」と申し上げたいと思います。

あなたがたの未来は、自分たちの哲学をいかに高度なものとしていくかにかかっています。

　アメリカにはキリスト教の団体や思想が数多くありますが、別の意味で言えば、古いタイプのキリスト教の傾向や哲学や思想からの、新しいタイプのイノベーションが必要であるということです。

　ハリウッド映画からも、新たなヒーローが求められていることを感じます。新たなヒーローが「アメリカの神」の代わりになっているのだと思います。

　ただ、ヒーローはあくまでヒーローであり、必要とされるべきは「ヒーロー以上の存在」です。

　アメリカは偉大な国であるがゆえに、アメリカの新たな神が必要です。すなわち、全世界を救うことのできる哲学です。それは、プラグマティズムも、資本主義も超えた哲学です。

> Your future is "how to sophisticate your philosophy."
>
> あなたがたの未来は、自分たちの哲学をいかに高度なものとしていくかにかかっています。

> We just feel from the movies of Hollywood that you are seeking for a new hero, and the new hero replaces the god of America, I think so.
>
> ハリウッド映画からも、新たなヒーローが求められていることを感じます。新たなヒーローが「アメリカの神」の代わりになっているのだと思います。

自由と正義と幸福を、地球的観点で

 中国も、経済面では資本主義的な性格も持つ国になりましたが、政治的な面、民主主義の面では十分ではありません。ただ、人口が10億人以上もある国には、民主主義はきわめて難しいでしょう。
 彼らに必要なのは、新たな考え方です。
 その新たな考え方は、ここアメリカから発信されるべきです。
 あなたがたには、もう1つ考えなくてはならないことがあります。
 アメリカ国民は、単にアメリカ人であるだけではなく「世界市民」であり、「世界のリーダー」なのであるということです。
 あなたがたは自分たちの自由と正義と幸福を、全地球的な意

> The U.S. must be strong, stronger, strongest. It's your mission. Be brave and have mission in your heart. Your academic work, your economic work, your political work, and your diplomatic work, your mission, it's not for America only.
>
> アメリカは強く、もっと強く、どこよりも強くならねばなりません。それが、あなたがたの使命です。
> 勇気を奮い、心に使命を抱いてください。
> あなたがたの学問、経済、政治、外交における使命は、アメリカのためだけのものではありません。

味で判断しなければなりません。自国のことだけを考えてはなりません。あなたがたは世界のリーダーなのです。

　事実、アメリカが後退してきたこの8年間は、世界の危機の時代でもありました。東アジアも西アジアも、ヨーロッパもアフリカも、そしてロシアも、そうでした。世界中に新たな覇権を目指す国は数多くありますが、彼らを説得できるところはありません。国連は、今や機能していません。

　唯一、その力があるのはアメリカです。アメリカは強く、もっと強く、どこよりも強くならねばなりません。それが、あなたがたの使命です。

　勇気を奮い、心に使命を抱いてください。あなたがたの学問、

経済、政治、外交における使命は、アメリカのためだけのものではありません。それはアメリカ一国のためではありません。

どうか、アメリカを超え、地球的観点に立って物事を見てください。「地球的幸福」こそ、非常に大切なことであるのです。

「神の意志が意味しているもの」とは何か。それが、新たな哲学の始まりである

私たち日本人は今、変わろうと努力しています。ご存じの通り、日本に新たな神が現れているからです。ですから今、変わりつつありますが、変わるのにはもう少し時間がかかります。

私たちは全世界の人々のため、いかに生き、いかにリーダーとなり、いかに友人同士となるかを決めねばならないのです。

> Please go beyond America and see from the standpoint of the earth.
>
> どうか、アメリカを超え、地球的観点に立って物事を見てください。

私は、アメリカと日本という2つの国が、今年以降、今後少なくとも300年間、世界の偉大なリーダーとなることを願っています。

　あなたがたには、そのための「新たな哲学」が必要です。

　それが「神」の定義であり、それが「神」の真なる意味なのです。

　神を信じるのは良いことですが、「神の意志が意味しているもの」とは何か。それが、新たな哲学の始まりであるのです。

　それが、あなたがたの使命です。それが、私が本日、お伝えしたいことです。

　偉大であれ、さらに偉大であれ。

　偉大な力には、偉大な責任が伴(ともな)います。

　あなたがたアメリカ人には、世界に対する偉大なる責任があるのです。

　どうか、この真実を心に刻(きざ)んでください。

Believing in God is good.
But what's the meaning of God's will?
This is the starting point of a new philosophy.

神を信じるのは良いことですが、
「神の意志が意味しているもの」とは何か。
それが、新たな哲学の始まりであるのです。

Be great, greater.
With great power comes great responsibility.
You American people have great responsibility for the world.
Please keep this truth in your mind.

偉大であれ、さらに偉大であれ。
偉大な力には、偉大な責任が伴います。
あなたがたアメリカ人には、
世界に対する偉大なる責任があるのです。
どうか、この真実を心に刻んでください。

法話「Freedom, Justice, and Happiness」は、
全国の幸福の科学の精舎(しょうじゃ)・支部・拠点・布教所でご覧いただけます。

Freedom, Justice, and Happiness

偉大であれ、
さらに偉大であれ。
偉大な力には、
偉大な責任が伴います。

COLUMN

全米4大ネットワーク
FOX系列のテレビで大川

「Invitation to Happiness」は、8月からニューヨーク州、ニュージャージー州、コネチカット州、ペンシルバニア州などで放送され、現地の人々が視聴した（写真下段左は収録風景）。

　2016年、テレビや雑誌、新聞などの各種メディアに幸福の科学が続々登場し、10月2日の大川隆法総裁講演会への期待は日増しに高まっていった。
　8月からは、全米4大ネットワークの1つであるFOXテレビ系列の「FOX5 TV」において、幸福の科学の番組「Invitation to Happiness」が、8週にわたって放送された。
　番組は、大川総裁の法話抜粋を通して、「悪霊の憑依」「病気治し」「カルマ」などの個人の悩みに答える教えや、「世界平和」「正義」などの公的幸福に関

隆法総裁の法話が放送

有名な経済誌「エコノミスト」、外交・政治関連の権威誌「フォーリン・アフェアーズ」、その他保守派のオピニオン誌などに大川総裁の著書や講演会の案内が掲載された。

わる教え、あるいはキリスト教会で詳しく説かれていない「霊界」について分かりやすく紹介し、好評を博した。

　各回の番組終了後、メールや電話を通して、「なんてワクワクするメッセージだろう」「マスターは牧師が教えてくれないことを教えてくれた」「本当に気に入った。泣いてしまった」など、視聴者から数多くの声が寄せられた。視聴者のなかには、番組を契機に幸福の科学の支部を尋ねて入会した人や、10月2日の講演会の情報を知って参加した人が何人もいたという。

Chapter 2
A Q&A session in 2016

Q&A

Freedom, Justice, and Happiness

〔英語による質疑応答・抜粋〕

英語法話に続いて設けられた質疑応答の時間。そこでは、望ましい次期大統領として、ドナルド・トランプ氏の名前が明かされた。

和 訳

Q1

現在アメリカには、末期状態の病気で苦しむ人が大勢おり、人々は健康問題に関して、人生の難しい決断を迫られています。病状が悪化していたり末期状態であったりする人が、心を積極的な状態に保って治っていくための心構え(こころがま)をお教えください。

病が癒(い)えるキーワードとは

　日本では、末期の状態も含めて、病気が治る奇跡が何百、何千と起きています。あなたが天上界の力を強く信じると、私が天上界からのチャンネル（通路）となるのです。
　本気でお願いしたいのであれば、エル・カンターレや幸福の科学の高級諸霊を信じて、「どうか天上界より命を与えたまえ」と願ってください。病が癒える奇跡が、何百、何千と起きるでしょう。
　オバマケアも、要(い)らなくなります（会場笑）。

　自らのうちに強い信仰心があり、神、天上界の光、奇跡の力を固く信じる人に、２千年前、イエス・キリストは数多くの奇跡を起こしました。
　この事実を信じることができれば、現在ただ今も奇跡を体験

If you want to ask seriously, believe in El Cantare or believe in Happy Science high spirits. Ask them, "Please give me life from heaven."

本気でお願いしたいのであれば、
エル・カンターレや幸福の科学の高級諸霊を信じて、
「どうか天上界より命を与えたまえ」と願ってください。

することができるのは当然のことです。

あなたのなかに「よき種」を撒け

　肝心なのは、「人間は、その人が考えていることそのものである」ということです。「その人の思考」「自分のなかにある考え」が、一番大事なのです。これが、花の「種」にあたるものです。その「種」によって、近い将来、どのような色や大きさの花が咲くかが決まります。

　「繁栄」の種や「健康」の種、「よき境遇の家庭」の種を求めなければいけません。

　病気治しについては、私に頼んでください。私はさまざまな悪性のガンや難病を治してきました。信仰の深さが非常に大切です。

The main point is, human is what he or she is thinking about. The thought, the thinking in you is the most important thing.

肝心なのは、「人間は、その人が考えていることそのものである」ということです。
「その人の思考」「自分のなかにある考え」が、一番大事なのです。

Q2

アメリカでは宗教が衰退しています。宗教に対する無関心や懐疑があり、人の言葉に耳を貸さなくなっています。アメリカ人に、宗教は良きものであることを納得してもらうためには、どうすればよいのでしょうか。

傷ついたアメリカに贈るメッセージ

アメリカは「9・11」と「新たな大不況」という2つの出来事で、根本的に変わってしまったと思います。しかしどうか、この2つを乗り越えてください。

9・11の後、アメリカはイラクを攻撃し、それ以降多くの問題が起きています。1つがテロであり、もう1つは「アジアの人々を殺したことは正しかったのか否か」に関するさまざまな反省です。それがアメリカの不安定要因になっています。

また2008年以降は、「アメリカ経済は正しいのか」、「ウォールス

トリートでお金のために働いている人々は善人なのか」、「彼らの取引の手続きや方法は正しいのか」といった疑念が生じ、それで繁栄への道に自信が持てずにいるわけです。

　人は間違いを犯すこともあります。誰もが間違いを犯すことがありますが、自分を立て直し、自らの会社を立て直し、自らの国家を立て直し、世界を立て直すチャンスも、またあるのです。
　ですから、過去を振り返り過ぎないことです。心の方向性を、明るい未来へと変えてください。

アメリカは、より偉大な国でなければなりません。
アメリカは、より素晴らしい世界の未来を示すことができます。
みなさんは、世界の人々のために、夢を描いてみせなければ

> Sometimes people make mistakes. Everyone has a chance to make mistakes, but everyone also has a chance to rebuild himself, to rebuild his company, to rebuild his country, to rebuild the world.
>
> 人は間違いを犯すこともあります。誰もが間違いを犯すことがありますが、自分を立て直し、自らの会社を立て直し、自らの国家を立て直し、世界を立て直すチャンスも、またあるのです。

ならないのです。

　平和的な人々をテロから守ることに躊躇(ちゅうちょ)してはなりません。

　また、テロを恐れ過ぎてもいけません。恐怖心こそが問題であると思います。テロからの自由こそ非常に重要です。

　今のアメリカは、テロに対する恐怖のために萎縮しています。しかし、テロはあくまでテロでしかありません。テロは軍事力にはかないません。アメリカは、「神の軍隊」として最大の国です。

　ですから、テロのことをあまり考え過ぎてはなりません。

大きく考え、勇気を持ち、心清くあれ

　どうか自信を持ってください。

America should be greater and could show the greater future of the world. You must make dreams for the people of the world.

アメリカは、より偉大な国でなければなりません。
アメリカは、より素晴らしい世界の未来を示すことができます。
みなさんは、世界の人々のために、
夢を描いてみせなければならないのです。

アメリカは偉大です。

アメリカは強大です。

アメリカは神の栄光を担(にな)っています!

そしてわれらは、今も、あなたがたの上に光を投げかけています。

あなたがたはリーダーであり、世界の運命なのです!

ですから勇気を持ち、強くあってください。そして全世界に対して責任を持ってください。みなさんは一人ではありません。みなさんはリーダーであり、神の命を受けねばなりません。あなたがたは現代の預言者(よげんしゃ)なのです。

小さなことばかりを考え過ぎないでください。

> Please be confident of yourself.
> America is great.
> America is strong.
> America receives the glory of God!
> We are now still shedding light upon you.
>
> どうか自信を持ってください。
> アメリカは偉大です。
> アメリカは強大です。
> アメリカは神の栄光を担っています!
> そしてわれらは、今も、あなたがたの上に光を投げかけています。

勇気を持ち、心清くあってください。それは真の愛に基づくものです。
　愛の定義はきわめて簡単です。まさにイエス・キリストが言ったように、「神を信じ、隣人(りんじん)を信じよ」ということです。それが、真の愛か否かのチェックポイントです。
　「愛から正義へ、愛から自由へ、愛から幸福へ」。それが「愛の共和国」であり、神の愛に基づく民主主義国家です。

　科学技術ばかりを用い過ぎたり、科学技術のみに頼り過ぎたりしないでください。アメリカの方はテレビを見るのに7時間以上も費やしていると言われていますが(会場笑)、この悪しき習慣を捨て、私の本を読んでください。それが新時代を開く

> Don't think too much about small things. Be brave and be pure in mind. It comes from real love. From love to justice. From love to freedom. From love to happiness. This is the republic of love. And this is the democratic country based on love. God's love.
>
> 小さなことばかりを考え過ぎないでください。
> 勇気を持ち、心清くあってください。
> それは真の愛に基づくものです。
> 「愛から正義へ、愛から自由へ、愛から幸福へ」。
> それが「愛の共和国」であり、神の愛に基づく民主主義国家です。

のです。良書を読むことです。

　私はすでに、2100冊以上の本を書きました。これは人間業を超えています。これもまた奇跡です。この奇跡を信じてください。
　いえ、これは現実ですから、信じるまでもなく、確認するだけで結構です。
　このようなことができたのは、インドのゴータマ・シッダールタだけです。彼は45年間、多くの教えを説き、そのすべてが聖典となっています。大変な偉業です。
　私はこれまでに2500回以上の説法をしましたが、著した本は2100冊以上になります。私の教えは、すべて本になっているのです。これこそが仏陀の証明であり、救世主の証明であり、主の再臨の証明なのです。

Q3

私はハッピー・サイエンス・ユニバーシティの学生です（会場拍手）。学問の世界に主の教えを広げるために、どのような努力をすべきか、アドバイスをいただきたく思います。

自分が恐れるものに「挑戦すべき課題」がある

英語が上手ですね（会場笑・拍手）。
あなたならできます。次の課題としては「経験」です。経験だけです。

自分が苦手で、十分に関心のない分野のことを、いろいろ学ぶことです。視野を広げ、経験を積むことです。
　まず、自分は何を怖れているかを考えてみてください。心のなかに、何か怖れていることが見つかるはずです。それが、あなたが挑戦すべき課題であり、内なる敵です。自分が怖れていることをやってみてください。

　あなたは幸せです。時間は十分にあります。まだ40年もあるのです。
　自分が60歳になったとき、何ができるかを想像してみてください。それがあなたの未来を決めます。60歳になったときのことを想像することです。それがあなたの人生計画なのだと思います。

> Firstly, think about what you are fearing about. So, in your mind, you can find something you fear about. This is your challenging enemy in you.
>
> まず、自分は何を怖れているかを考えてみてください。心のなかに、何か怖れていることが見つかるはずです。それが、あなたが挑戦すべき課題であり、内なる敵です。

Q4

現代では「正義とは何か」が分からない人が数多くいます。そこで、大川総裁が次の大統領に一番言いたいことは何でしょうか。彼または彼女に、一番言ってほしいと思うことは何でしょうか。

次の大統領に求められる「タフさ」

　もちろんヒラリー・クリントン氏は頭のいい方ですし、「ガラスの天井」を破ることができるのは確かです。彼女が次期大統領になった場合、次のアメリカ政治は働く女性が非常に力を発揮できるものになるでしょう。

　しかし次期大統領は、中国の習近平氏やロシアのウラジーミル・プーチン氏と協力し、競争もする能力がないといけません。つまり、「タフでなければいけない」ということです。

　ドナルド・トランプ氏は、40歳や50歳のころは非常にスマートで、格好良く、ハンサムかつ切れ者でしたが、今はもう70歳です。彼の健康面は心配ではありますが、自分でも言っているようにスタミナのある人です。

次期大統領にトランプ氏が望ましい理由

　日本で彼を霊査(れいさ)したところ、守護霊が自ら「自分の過去世はアメリカ初代大統領、ジョージ・ワシントンである」と宣言しました。それはつまり、彼がアメリカを再建するということでもあります。私は、その言葉を信じたいと思います。彼はこの国をつくり変え、再建するでしょう。

　もしかすると、「彼は失礼で、人の悪口を言い過ぎる」と感じるかもしれません。しかし、本当の姿はそうではなく、正直で信頼できる人物です。

　私としてはドナルド・トランプ氏のほうが好ましく、彼はアメリカをより偉大な国にしてくれると思います。

I spiritually researched his past life in Japan, and at that time, he declared that he was the first president of the United States, George Washington. He said so. It means he will rebuild this America again. I want to believe in his words, he will remake and rebuild this country.

日本で彼を霊査したところ、
守護霊が自ら「自分の過去世はアメリカ初代大統領、ジョージ・ワシントンである」と宣言しました。それはつまり、彼がアメリカを再建するということでもあります。
私は、その言葉を信じたいと思います。
彼はこの国をつくり変え、再建するでしょう。

I prefer Donald Trump. He will make America a greater country, I think so.

私としてはドナルド・トランプ氏のほうが好ましく、
彼はアメリカをより偉大な国にしてくれると思います。

もしドナルド・トランプ氏を選び損(そこ)なえば、アメリカは引き続き後退していくでしょう。なぜなら、クリントン氏はオバマ氏以上ではないからです。
　それはつまり、「アジアの危機、西アジアの危機、ロシアの危機が来る」ということです。もちろんそのなかでも大きなものは、「中華帝国」の覇(は)権(けん)の問題です。

　ですから、「アメリカよ、偉大でありたまえ」。アメリカが、偉大な国になるよう願っています。政治的観点からは、ドナルド・トランプ氏を選ぶべきだと思います。トランプ氏のほうが適任です。彼には世界の問題を解決する力があるからです。
　彼はアメリカを変えてくれるでしょう。正直で信頼できる人物です。トランプ氏によって、新たなアメリカが再建されることを願っています。

本質疑応答は、全国の幸福の科学の精舎(しょうじゃ)・支部・拠点・布教所でご覧いただけます。

Freedom, Justice, and Happiness Q&A

政治的観点からは、ドナルド・トランプ氏を
選ぶべきだと思います。
彼はアメリカを変えてくれるでしょう。
トランプ氏によって、
新たなアメリカが再建されることを
願っています。

Voice of Attendee

感動、興奮——。
続々と寄せられた参加者の声

法話後には、堰を切ったように感想を語り合い、数時間経っても名残を惜しんで会場を離れようとしない参加者の姿があちこちでみられた。彼らの口から語られた、法話への感想の一部を紹介する。

感想はすべて和訳です

マスターにお会いできたのは、**まるで奇跡のよう**です。人類と世界に対するマスターの愛を感じ、本当に感動しました。
ファビア・ペレイラさん〔30代・ビジネスアナリスト〕

マスターが**「合衆国であれ」「勇敢であれ」**と言われたのが印象的でした。教えを実践して、生徒に良い影響を与えられる教師になりたいです。
ダン・マンローさん〔20代・教師〕

世界は利己性を超え、精神性を取り戻す必要があります。 マスターはその指針を示してくださいました。
マーク・リンさん〔60代・ビジネスコーチ〕

「アメリカはどのようなリーダーであるべきか」「どうすれば強くあれるか」という部分は、最も強い印象を残しました。「愛を与える」という教えを実践することで、この教えを人生に生かしていきたいです。
〔70代・女性〕

この奇跡のなかで、私は心底幸せでした。 日米両国がいかに偉大なリーダーになるべきかという教えには、強く感動しました。
〔40代・女性〕

とても感動的で力強い話だった。発展と反省の教えを学び、さらに前へと進んでいきたいです。
〔30代・女性〕

「すべては愛に由来する」という教えは素晴らしかった。「愛がすべての基礎」ということを、忘れずにいようと思います。
〔50代・男性〕

Voice of Attendee

感想はすべて和訳です

とても力強いお話で、インスピレーショナルなレクチャーでした。マスターがおっしゃることは「まさにその通り！」と思うことばかり。**途中で、声のバイブレーションが変わったことが印象的**でした。

マリアナ・ライバックさん〔30代・フリーランス・ライター〕

マスターが姿を現したとき、霊的バイブレーションを強く感じました。レクチャーでは「世界の希望であれ」と言っておられるように聞こえ、**アメリカは「神の意志」でなければならない**と思いました。

カルロス・カステーヨさん〔20代・元海兵隊員〕

マスターの**地球規模での視点**を、より深く理解できました。多くの人に、マスターの国際的観点を伝えていきたいです。

ローズ・ダンさん
〔40代・エグゼクティブアシスタント（秘書）〕

法話に、とても鼓舞（こぶ）されました。**「学び、愛することによって、我々はよりよくなることができる」**という考えが、特に好きです。「最高の自分」を目指していきたい。
〔50代・男性〕

「テロを恐れてはならない」という教えは、とても素晴らしかった！　そしてそれは、アメリカの再建や、世界のリーダーとなっていく道を示していると思います。
〔40代・女性〕

とても啓発的で、光に満ち溢れたレクチャーだった。マスターは、「偉大な力には、偉大な責任が伴う」とおっしゃった。私にとって、とても強いメッセージだった。
〔10代・男性〕

「自らが怖れているものに挑戦しなさい」という内容に、深い感銘を受けました。「私が怖れる何か」に、向き合っていきたい。
〔20代・女性〕

こんなすごいイベントだとは、思わなかった。総裁の話は、すべてうなずける内容だった。
〔60代・女性〕

今日の内容をもとに、いろいろと考え直してみたい。
〔30代・男性〕

我々には、アメリカを変え、より偉大にする力がある——。この教えに、とても感謝しています。
〔20代・男性〕

COLUMN

大川総裁は「トランプ大統領」

メディアの報道は……

　2016年11月8日（現地時間）に行われたアメリカ大統領選では、共和党から出馬した不動産王ドナルド・トランプ氏が当選を果たした。
　この結果は、誰もが予想していなかったものだった。各種メディアがトランプ氏の暴言・失言や女性問題、税金逃れ疑惑などの〝反トランプ報道〟を続け、世論調査でも民主党ヒラリー・クリントン候補の優位という結果が出ていたからだ。アメリカ有力紙100社のうち50社以上がヒラリー支持なのに対し、トランプ支持は2社のみだったという調査もある。

誕生を、年初から予見していた

大川隆法総裁の著作では……

2016年1月13日発刊　年初発刊の書籍でトランプ氏への期待を語る

私たち日本人は、強いアメリカを求めている。
なんとこの本で、私たちは、強い次期大統領候補を見つけたのだ。（中略）
私も、彼（ドナルド・トランプ氏）が偉大なる次期アメリカ合衆国のリーダーの器であることを望んでいる。
そして、私自身、彼の正直さ、勇気、友情に期待を寄せている。

『守護霊インタビュー　ドナルド・トランプ　アメリカ復活への戦略』
著者序文（和訳）より

2016年10月19日発刊　初代アメリカ大統領の霊がトランプ氏を支持

注目している問題は、やはり、アメリカ大統領選だね。
注目は、やはり、ヒラリー・クリントンをどう倒すかだな。
（支持しているのは）アメリカの「ジョーカー※」だよ。

※トランプ氏を指す。

『アメリカ合衆国建国の父　ジョージ・ワシントンの霊言』
からジョージ・ワシントン霊の言葉

　そんななか、トランプ氏の勝利を予見していたのが、大川隆法総裁だ。2016年10月2日、大川総裁は各メディアがクリントン支持一色のなか、ニューヨーク講演で明確にトランプ支持を表明した。しかしそれよりはるか前、年初の1月中旬発刊の著書（上掲）で「強い次期大統領候補を見つけた」と述べ、同月30日の講演会で「（トランプ大統領誕生は）可能性としては、けっこうあると見ている」と語っていた。トランプ大統領の誕生は、1月から予見されていたのだ。

上記の書籍はすべて幸福の科学出版刊　幸福の科学出版　検索

Chapter 3 A Lecture in 2016

法話「ニューヨークで考えたこと②」

〔日本語説法・抜粋〕

October 6, 2016 at Happy Science Headquarters, Japan
2016年10月6日　日本　幸福の科学・総合本部にて

ニューヨーク講演会から4日、日本に帰国した大川総裁は本巡錫を振り返る法話を行った。8年ぶりに訪れたアメリカは、総裁の目にどう映ったのか。

8年ぶりのニューヨークで起こっていた〝北京(ペキン)化〟〝バンコク化〟

　日本では10月3日だったと思うのですが、ニューヨークでは10月2日日曜日に、現地でアメリカ人向けに話をしました。
　今回は、日本に帰ってからの感想や、言い残したこと、感じたこと等をプラスアルファして、言っておきたいと思います。
　私は8年前にも、ニューヨークで話をしたことがあるのですが（注。英語法話「The Way to Success」。本書p.84にコラムを掲載）、その7日後、日本で「ニューヨークで考えたこと」という法話を行いました。
　当時はちょうど、アメリカの「リーマン・ショック」も起きていて、「どうなるのか」「世界恐慌が起きるのか」という感じでした。また、バラク・オバマ氏が立候補していた大統領選が終盤(しゅうばん)に入っており、そうしたところで話をしました。
　8年ぶりにニューヨークに行った私の感想は、一緒に随行(ずいこう)し

---

column

パニックの最中(さなか)、「大恐慌にはならない」と予測し、明言した大川総裁

2008年9月、アメリカ大手投資銀行の破綻(はたん)を契機に発生した世界同時不況「リーマン・ショック」。著名経済学者や政治家が「世界恐慌が起こる」「100年に一度の危機」などと予測するなか、大川総裁は10月5日の法話「ニューヨークで考えたこと」で、「恐慌は起きない」と明言した。結局「世界恐慌」は起こらず、大川総裁の先見性が裏付けられた形となった。

法話「ニューヨークで考えたこと」は、書籍『朝の来ない夜はない』第2章に所収

ていた人の感想とは、少し違いがありました。
　私が、アメリカの折々(おりおり)の変化を見てきたからなのでしょうが、他の随行の人たちから見れば、「やはりニューヨークは大きくて、繁栄している。すごいな」「小さな島に大きな摩天楼(まてんろう)がドーンと並んでいて、すごく繁栄している感じがする」という感じを受けていたように思います。
　私のほうは、昔からこうだったので、特に変わったところは感じなかったのです。しかし、印象的な変化としては、「車の動きが悪く、流れていない感じ」はありました。
　ニューヨークのあるマンハッタンが小さいので、建物がもうこれ以上建ちませんし、道路も拡張不能な状態です。あれほど大きな建物がたくさん建てられたら、それらを壊すわけにもいきません。以前は道路がもっと広いと思っていたのですが、たぶん車の数が増えているのでしょう。

　そして、8年前には確か見覚えがなかったのですが、マンハッタンのあちこちに、貸し自転車がたくさん並べてありました。
　これは、他のところでもありますが、お金を払って借りて走り、どこかでまた返却したらいいという自転車が、やたらとあちこちにありました。ですから、「車が走れないので、とうとう自転車が走り始めたか。ニューヨークの〝北京化〟、あるいは〝バンコク化〟が進んできたかな。自転車で市内を走り始めたら、アジアの人口の多い某都市に、少し似てきたのかな」という感じは受けました。

すぐに現れた英語法話の影響

　さて、今回のニューヨークでの講演会は、タイムズスクエアにあるホテルで開催したので、交通の便としてはよく、ホテルのレベルも高かったので、「アメリカの方も来やすかったのか

な」と思いました。

　五百数十人ほどの規模のところで行ったので、私の講演会としてはそう大きなものではありません。
　しかし、大統領選挙期間中に行ったので、それなりの影響力はあったのではないかと思っています。
　講演会には、ドナルド・トランプ氏の側近の方も参加しており、「終わるや否や電話をかけていた」ということも国際本部から聞きましたので、内容のポイントを伝えていたのかもしれません。たぶん、大統領選討論会の2回目や3回目の内容には、私の言ったことが反映されると思います。
　副大統領のマイク・ペンス氏のほうにも、少し影響が出たかなと思います。彼も、「Japan is too big to protect.（日本は大き過ぎて守れない）」というようなことを、講演で言っていました。また、新聞でもそのようなことを言っていたようですので、

ニューヨークで考えたこと②

　影響はいろいろな面で出てきているのではないかと考えます。
　ニューヨークの講演の参加者は、「民主党と共和党の支持者が半々ぐらい」ということでしたので、あまり話がどちらかに偏（かたよ）りすぎると「アメリカ分裂」ということになるので、双方にある程度配慮（はいりょ）しながら話をしました。

　ちょうど私が行ったころは、トランプ氏が苦境（くきょう）にあったというか、「過去に、巨額の損失を計上したことで、10年以上節税したのではないか」ということを疑われていました。
　実際には違法ではなく、少し〝賢（かしこ）かった〟だけではあるようですが、これは日本でもよくやる手ではあります。赤字を出しておけば、それで利益の部分を〝消せる〟ので、税金を少なくできるところがあるのです。しかし、そこを責められていたところだったので、講演の後、少しいいほうに行ってくれたことは良かったと思います。

人が入る「レイクウッド教会」というメガチャーチを運営する有名な方の話が放送されていたようです。

　向こうの方々も、説法のときは一応、机の上に原稿を持っているようで、それを見ながらときどき歩いて前に出て、演台の前あたりで話して戻ってくるような感じで、それが１つのスタイルのようでした。そういう形で、説法をされていたのです。

　自慢するほどではないのですが、私は、日本人の〝分際〟で、原稿なしで１時間しゃべっており、質疑応答も事前に質問内容を取ることなく、〝生〟でやっていたので、ある程度、向こうのアメリカの方たちにとっては衝撃であったのではないかなと感じました。

　ですから、「『聖書』に基づいて講義している人」と、「オリジナルの教えを説いている人」との違いは、たぶん分かるのではないかなという感じがしたので、もう一段の発展の余地はあるかなと思いました。

　この「FOX5 TV」は、日本でいうとフジテレビや日本テレビに当たるぐらいの保守系のテレビのようです。アメリカ人は毎週、４割ぐらいは教会に行くらしいのですが、教会へ行かない６割ぐらいの人は家にいるので、当会の番組を見ていた方は

幸福の科学の番組の後には、アメリカで絶大な人気を誇るメガチャーチ「レイクウッド教会」（写真）の牧師の番組が放送された。

かなりいたと思います。

　日本で例えれば、フジテレビなどで日曜日の朝の8時半から9時の時間帯に私の説法が放送されるとなれば、すごいことだと思います。「朝の8時半から9時まで、私の説法が放送され、午後1時からは講演会がある」というのであれば、これが日本であったら〝涎が出る〟ようないい話です。「アメリカは、さすがに宗教に対する偏見は少ないのかな」「ある程度、内容を見て判断できる方もいるのだな」ということは感じました。

　堂々と当会の番組を流してくれたことはうれしかったですし、有名なメガチャーチの説法師たちと並んで放送できたのは、良かったと思います。

現地で感じた変化①：スターバックスの増加

　アメリカそのものに関して、8年間で変わったものとしては、スターバックスのチェーン店がやたらと増えているということがありました。これはもう、8年経ってみたら、私の目には明

らかに映りました。

　ただ、ハンバーガーショップが減っているように見え、どう見てもマクドナルドの数が激減しているように見えました。マクドナルドは完全になくなったのではなく、あることはあり、他にもバーガーキングなどが少しはあったのですが、基本的にスターバックスがあれほど流行っているというのは、少し驚きでした。

　というのは、私が若いころにニューヨークへ行ったとき、このようなところがなく、困っていたからです。

　学生時代、私には喫茶店で本を読む癖がありました。自宅で本をずっと読んでいると辛気臭いので、自宅ではなかなか読みにくいような本を持って外に行ったり、あるいは書店で本を買った後、楽しみで喫茶店に入り、コーヒーを飲みながら何冊か読んで帰ったりするようなことをよくやっていたのです。そこで、ニューヨークでも、休みの日に同じようなことをやりたくて、マンハッタンに出かけていったのですが、喫茶店がなかなかなく、日本のようには見つかりませんでした。

　しかし、ハンバーガーショップで本を読んでいると、「もう、早く出なければいけないのではないか」という感じがしました。そういうところは回転数を意識しているので、いい店がそれほどなく、困っていたのです。しかし今見れば、ニューヨークにはスターバックスだらけなので、「あれなら入れるな」という感じはしました。

現地で感じた変化②： アメリカに萎縮をもたらしているテロへの高い警戒

　あと、前回や前々回にニューヨークに行ったときからそうだ

やはりすごく、それは

……からかもしれません

……指の指紋を採られたり、

……ているものも全部調べ

……だろうが「自由の女神」

……も空港と同じぐらいの

……とは思いますが、「や

……と思いましたし、アメ

……をずっと受けました。

……には見えたのですが、私

……ニューヨーク、それか

……縮している感じが強く、

「スィンク・スモール」になっているのです。何か、考え方が小さく、「大きくない」のです。マンハッタンが「バラ色」ではない感じというか、「あれ？ これで業務をやっているのかな」と思うような静かさを感じてしまいました。

現地で感じた変化③：中国人観光客の増加と高まるアメリカ経済の対中依存

特に、ウォールストリートを歩いてみたら、中国人観光客が多く来ており、ウォールストリートの強気な株式相場を象徴する「チャージング・ブル」という雄牛の像の写真を撮っていたのが、中国人ばかりでした。ウィークデーに中国人が溢れていたのです。

エンパイア・ステート・ビルにも、中国人はたくさん来ていました。しかし、日本人はいませんでした。私たち以外に日本

人はおらず、ウォールストリートにも私たち以外の日本人は歩いていません。日本人は、平日のニューヨークには、ほとんどいなかったのです。

一方、中国人はやたらと多く、〝銀座現象〟というか、銀座に行くと中国人がたくさんお店に入っていましたが、「アメリカにも、中国人の買い物客がいっぱい押し寄せてきているのか」と思いました。

また、エンパイア・ステート・ビルのエレベーターの表示を見たら、5カ国語ぐらいで表示があり、日本語の表示もありました。ですが、ビルの案内放送では日本語のものはなく、中国語での案内はきちんと流れていたので、「日本語の表示はあるが、放送は流れていない。これは明らかに、中国人の客が圧倒的に多いのだな」ということは分かりました。

これは、「アメリカでも『爆買い』をやっていて、たぶん財産を確保している」ということと、あるいは、「万一の逃亡の場合を考えて、不動産所有などを進めているのではないかな」という感じは受けました。

「あれだけ中国人の観光客に入られると、中国と事を構えたくなくなる感じ」というのは分かります。「アメリカの人は、『客が減ったら、商売上影響が出るのでは』と思うのではないか」と感じました。

日本の銀座でも、中国人はすごく多いのですが、あれにもたぶん、デモンストレーション効果はあると思うのです。「中国人の客が減ったら、経済がいっそう悪化する」というふうに思わせるという、1つのポリシーは持っているのでしょう。また、それだけではなく、「実際にお金を使える層が増えている」というのも、現実だろうと思うのです。

ですから、日本の10倍の人口を有するだけあって、あちら

にもこちらにも中国人が溢れていました。

こういったことは、かつて東南アジアでよく見た光景なのですが、「今は先進国に来ている」というのを感じました。

「これはもう、米中両国が敵対的になって、砲弾を撃ち合うような関係には、なかなか簡単にはならないのでは」という感じは、率直に言って受けました。ですから、「アメリカも、外交的な努力である程度話し合いをつけていくぐらいしか、できなくなるのではないかな」という感じは、強く持ちました。

中国の勢力圏に次々と入りつつある東南アジア

新聞などにも載っていたと思いますが、香港の「雨傘革命」の際、民主化デモを指導し、事務局長を務めた学生がタイのバンコクで拘束され、中国に送還されたという事件も起きました。

タイには、中国政府から入国を拒否するよう要請があったようですが、もうタイあたりにまで、中国の力が及んでいるということです。

タイに向けられる投資の３分の２ほどが日本から行っていると思いますが、そのようなタイでも、中国の意向で人を拘束できるということですね。

　フィリピンやタイあたりまでが中国の影響下に入ってくるとしたら、「中国は戦わずして勝利を収める目前まで迫っているのだな」と感じました。

　オバマ氏の「人権外交」的な考え方が、例えば「ＩＳ（イスラム国）を大きくした」と言われていますし、「シリア情勢を悪化させた」とも言われていますが、東南アジアでも失敗しつつあるのではないかという感じがします。

　ですから、もっと大きな視点を持っていなければいけません。

オバマ氏は、ロシアも敵に回しましたし、シリアやＩＳの問題、それからフィリピン、タイあたりまで、中国に次々と今、勢力圏におさめられつつあるということです。

こういうことであったので、残念ですが、オバマ氏は「平和外交」兼「ノーベル平和賞外交」を８年間やってくれたのですが、「アメリカの凋落」と私たちが感じているものが、現実の問題として起きてきているということです。「やはりこれは、戦略思考の問題だったのではないかな」と感じています。

エネルギー問題に失敗すると訪れる危機の姿

タイやフィリピンが、戦わずして中国の軍門に降るようなことになったら、安倍晋三首相が日本の防衛をどれほど言っていても、どうにもならなくなる可能性が高いのです。

当会も、シーレーンの重要性をずいぶん強く言ってきました。「ペルシャ湾のほうから石油を積んだタンカーが入らなくなる」と言ってきましたが、すでにタイやフィリピンのほうが中国に押さえられてきて、中国の言うことを聞くようになってきています。

香港はもう〝駄目〟ですが、オーストラリアも似たような感じになってきて、後は台湾も押さえられてきたら、石油が本当に入らなくなる可能性が極めて高いのです。

原子力発電の問題等で、日本はまだ左翼的な言論が強く、「リベラリズム」がまだまだ反原発運動を行っていますが、「それでは本当に危ないですよ」ということは、言っておきたいと思います。

動力源、エネルギー源の確保に失敗すると、危ないのです。

「何かあれば、アメリカからも石油を買えばいいではない

か」と思っているのかもしれませんが、アメリカ経済であっても、今は中国経済に、そうとう組み入れられつつあるのです。「アメリカが中国を全部切って、まだ生き残れるか」というと、それでは大不況が起こる可能性が高く、アメリカは中国を切れない可能性が高いのです。

民主党よりも共和党が望ましい理由

特に、民主党のヒラリー・クリントン氏が大統領になった場合は、夫のビル・クリントン氏が大統領だった時代のことが、やはり想像されます。その時代と同じように、中国経済との取引を深くする可能性は、十分にありえるのです。

「口では批判し、人権外交のようなことを言ったとしても、現実に経済的利益を考えると、軍事的な圧力が弱まっていくなかで、だんだん言えなくなってくるのではないかな」ということは、強く感じました。

第42代大統領を務め、「親中派」としても有名だったビル・クリントン氏。

そういう意味で、より強いアメリカへと指導しようとしている共和党のほうが、少なくとも日本から見れば、ありがたいと思っています。

「日本は守るには大き過ぎる」「自分で守れ」などと言っていますが、そう言ってくれるほうが、「パターナリズム」、つまり「強い家長・父親像としてのアメリカ」として筋が通っていると私は思っています。

　アメリカ自身が「アイソレーショニズム」、つまり「孤立主義」に入って、自国の経済と安全ばかりを考えるようにはなってほしくないので、ニューヨークの講演ではその逆のことを強く言いました。
　また、日本自身も、自らの繁栄だけを考えていたらいいわけではないので、「世界の秩序、繁栄、安定のために、やはり一定の力を持ち、それらを考えるのが、国際的には当然の要請だろう」と考えています。

「『神の正義を肩代わりする』という意気に燃えてこそのアメリカ」

　第二次世界大戦前、アメリカは国際連盟を主唱しながら、実際自らは加盟しなかったというようなことがありました。そしてそれが、また大きな戦争を呼び込みました。
　アメリカが、そのように「アイソレーショニズム」「孤立主義」

　を取るということは、世界のなかでも「行司役」というか、「どちらが勝ったか負けたか、正しいかを判定するところ」がなくなる可能性が極めて強くなってきています。もう一段高い視野と視点、そして責任感を持ってほしいものです。

　ですから、私は講演で、「アメリカの責任感」ということを言いました。

　「With great power comes great responsibility」、「偉大な力には、偉大な責任が伴う」という、私も非常に重視している言葉を使ったのですが、アメリカ人自身が、それを忘れているのではないかということです。

　「大いなる力というのは、それ自体が大きな責任を伴うものだ」ということです。

　アメリカが、超大国としての力を持っているということは、それを一国のためだけに使ってはいけないのです。

　その義務を思い出さなければいけません。

　「責任」を思い出さなければいけないのです。

そして、「それを果たすには、やはり勇気が必要で、『偉大なアメリカの栄光』ということを思っておかなければいけない」ということです。
　間違いは、ときどき犯すかもしれませんが、間違いを犯すということを恐れすぎてはいけないのであって、やはり、「神の正義を肩代わりしてやるのだ」という意気に燃えてこそのアメリカであるのです。
　そういう考え方を持ち、日米もまた協調しつつ、両国が紡ぎだしていく思想が世界をリードしていくことで、あと300年ぐらいの繁栄を維持することは可能になります。

孤立主義、撤退主義に陥った世界に起こる危機とは

　しかし、撤退主義や孤立主義になっていったら、次は幾つかの国が覇権争いをする時代に突入します。これはもう間もなく突入します。
　もし、オバマ氏の路線をそのまま引き継いでいった場合は、アメリカ中心の覇権国家、ＥＵ中心の国家、そしてロシアや中国あたりが組んで動き、そのなかで、「日本はどうするか」が問われるでしょう。すでに、日本独自の動きもしています。
　経済的覇権と軍事的覇権が合わさった「覇権戦争」が、幾つかの局面で起こって、ぐちゃぐちゃになる戦国時代が始まります。それは非常に危険なことでもあろうと思います。
　ですから今、アメリカの退潮を止めて、少し強くなってもらわないといけません。安倍首相は頑張っているけれども、今度は日本が孤立してしまう可能性も、ないわけではありません。もし、アジアの他の国が中国の軍門に降り、アメリカが中国と

の協調路線を歩み、中国とロシアもまた、協調路線をつくることになったら、日本は完全に浮いてしまう可能性もあると考えます。

ですから、これからの戦い方は、非常に難しいと思います。

「どうやって国際的に生き延びていくか」「日本も繁栄をつなげていくか」ということは、極めて難しいことだと思います。

やはり「時代の見張り番」として、火の見櫓のようなところから先を見通しながら、「発言はやはり続けていかなければいけないのだな」ということを、強く感じました。

法話「ニューヨークで考えたこと②」は、全国の幸福の科学の精舎・支部・拠点・布教所でご覧いただけます。

ニューヨークで考えたこと②

やはり、「神の正義を
肩代わりしてやるのだ」
という意気に燃えてこその
アメリカであるのです。

COLUMN

「世界恐慌の恐れ」の最中（さなか）で説か

大川総裁は、2016年のみならず、8年前の2008年にもニューヨークを訪れ、法話をしていた。「世界恐慌が起こる」といった報道で不安が広がっていた。しかし、大川総裁は、悲観的な

The Way to Success
法話「成功への道」
〔英語説法〕

抜粋・和訳

実人生で成功するためには、まず、
「夢を実現するための燃えるような情熱」が必要です。

そして次に、他の人への愛です。
自分が幸福になることばかり考え過ぎないことです。

さらには、「成功」と「幸福」を分けて考えてください。
成功のみに集中し過ぎると、非常に大切なことを忘れてしまいます。
たとえば、家族のこと、心の平和、死後の世界に関することなどです。
それが「成功の影」なのです。

人は、あの世の存在を簡単に否定します。しかし、あの世の存在や、
魂があり、高次元の存在によって創られていること。これらは真実です。

魂が〝本当の体〟なのです。そして魂は、心の平和を求めています。
どのような場合でも、どのような状況や環境にあっても、
心の平静を求めなければいけません。それが、真なる幸福であるのです。

れた、力強い希望のメッセージ

当時、同地では世界的な経済危機「リーマン・ショック」が起きたばかりで、
世論と一線を画し、力強い希望と成功のメッセージを届けていた。その一部を紹介する。

I now want to combine the world religions into one great religion. It's a beginning of religion. There are just love, compassion, Truth, mercy and light, like that.
It's the starting point of religion.

私は今、世界の宗教を、1つの大きな宗教に統合したいと考えています。
それが「宗教」の始まりです。
愛、思いやり、真理、慈悲、光があるのみです。
それが宗教の原点です。

There needs light. Please light up the darkness of the world. Light up the darkness of New York, light up the darkness of the United States.
Light up the darkness of the world.

光が必要なのです。世界の闇を光で照らしてください。
ニューヨークの闇を照らしてください。
アメリカの闇を照らしてください。
世界中の闇を照らしてください。

September 28, 2008
at Happy Science New York Local Temple, USA
2008年9月28日　アメリカ合衆国
幸福の科学ニューヨーク支部精舎にて

COLUMN

ウォールストリートで働いて

　世界経済の中心地の1つとして知られるニューヨークは、かつて大川総裁がウォールストリートのビジネスエリートとして、生き馬の目を抜くような世界で活躍していたゆかりの地でもある。

　1981年に大手総合商社に入社した大川総裁は、翌年夏、商社の研修生に抜擢され、ニューヨーク本社に派遣。ウォールストリートで激務をこなしながら、ニューヨーク市立大学大学院に通って国際金融の見識を磨く日々を送る。

　ニューヨーク本社では、最年少の財務担当オフィサーとして年間約1兆円の輸出・輸入、3国間・国内の外為実務の事実上の責任者を務め、アメリカ最強のエリートたちとしのぎを削った。

　先例のない実績が認められ、1年後には上司から、駐在員への昇格を打診されたものの、大川総裁は宗教家として立つための準備を進めるために、この昇格を辞退したという。

ニューヨーク勤務時代については、大川総裁の著書『太陽の法』(幸福の科学出版刊)6章に詳しい。

 ニューヨーク市立大学大学院

バンク・オブ・アメリカやシティ・バンクなどのビジネスエリートとともに、外国為替の理論などを学んだ。

 ホーボーケン（ニュージャージー州）

週末はこのエリアのレストランに立ち寄り、マンハッタンの夜景を眺めながらディナーを楽しんだという。

いた、若き日の大川総裁

ニューヨーク市立大学大学院：A
ホーボーケン一帯：B
フォレストヒルズ：C
ワールド・トレード・センター：D

 フォレストヒルズ

当時フォレストヒルズ（写真上）に住み、Eトレイン（写真下）で1時間弱かけて会社に通った。

ワールド・トレード・センター

9・11のテロによって崩壊する前のワールド・トレード・センター。大川総裁はその40階で、自由の女神像を見下ろしながら勤務していた。

COLUMN

著書に見る大川総裁ニュ

宗教家になる前はニューヨークで働く商社マンだった大川隆法総裁。その著作から

『Think Big!』

悪戦苦闘の日々を
言葉の力で乗り切る

ニューヨーク赴任後、1日に100本以上かかってくる英語の電話に悪戦苦闘の日々……。自分の英語が思うように通じず悩んだ若き日の大川総裁だったが、〝ある言葉〟を発することで苦境を打開していく。

仕事を通じて
経済英語を身につける

毎月、ニューヨーク本社から日本へ送るレポートの巻頭論文を執筆していた大川総裁。土日に1週間分の「ニューヨーク・タイムズ」や「ウォールストリート・ジャーナル」のスクラップブックをつくり、証券会社の英語のレポートを読んで論文を作成していった結果、経済英語に強くなったという。

『英語が開く「人生論」「仕事論」』

『経営とは、実に厳しいもの。』

若き日の
失敗談からの教訓を学ぶ

現在、縦横無尽な英語で講演を行っている大川総裁だが、ニューヨークに赴任したばかりのころには英会話が上手くいかず、〝ショックな出来事〟がいくつも起きたという。自らの失敗談を例に、「何歳からでもやり直せる」ことを教えてくれる。

ーヨーク時代の逸話

浮かび上がった、ニューヨーク時代の大川総裁の姿とは。

『凡事徹底と静寂の時間』

過酷な環境下で仕事能力を高める

商社のニューヨーク本社で働きながら通った国際金融ゼミは、一度に英語のテキストを50〜100ページ分進む〝高速〟授業だった。仕事が終わって帰宅すると深夜になっていたため、まともに予習する時間がなかった大川総裁は、最低でも2倍の速度で仕事を片づける必要に迫られたという。

ニューヨーク市立大学大学院では〝教える側〟だった

ビジネスエリートばかりが集うニューヨーク市立大学大学院の国際金融ゼミで、大川総裁は教授から「君がいる所じゃない」と言われてしまう。それは、他の学生と教養の差が開きすぎ、〝教える側〟になってしまったからだった。

『プロフェッショナルとしての国際ビジネスマンの条件』

上司よりもマクロな判断をしていた研修生

大手総合商社のニューヨーク本社社長と財務部長が資金調達を巡って衝突。そのとき、大川総裁は研修生の身分でありながら、誤った方法をとろうとしている上司に繰り返し説得を試みる。結果的に上司たちは更送され、よりマクロな判断をしていた大川総裁は帰国後、課長待遇になっていたという。

『不況に打ち克つ仕事法』
『稼げる男の見分け方』

書籍はすべて、幸福の科学出版刊。

COLUMN

Happy Science in NY

ウォールストリートで働いていた大川隆法総裁にとって〝第二の故郷〟ともいえる地、ニューヨーク。ここでは、幸福の科学のニューヨーク展開の歴史をふり返る。

■1994年、初の海外支部「幸福の科学USA」(ニューヨーク支部)開設

1994年1月1日、幸福の科学の海外支部第1号となる「幸福の科学USA」(ニューヨーク支部)が開設された。これを皮切りに、ロサンゼルス、ハワイ、サンフランシスコほか、アメリカ各地に支部が続々と開設されていった。

1994年5月にはアメリカで宗教法人格を取得した。

■2008年、「ニューヨーク支部精舎(しょうじゃ)」が落慶

2008年8月24日、マンハッタンに「ニューヨーク支部精舎」が落慶。翌月28日には大川隆法総裁が巡錫して、英語法話「The Way to Success」(成功への道)を説いた。同法話は北アメリカや南アメリカ、ロンドン、マレーシア、シンガポール、シドニー、メルボルンに中継された。

ニューヨーク支部精舎のエル・カンターレ像は、「アップル」を持ち、繁栄の神ヘルメスの姿をしている(ニューヨークの愛称「ビッグアップル」に由来)。

2016年の訪米で、
大川総裁が現地2支部・有名書店を視察

2016年9月29日、ニューヨーク講演に先立ち、大川隆法総裁はニューヨーク・ニュージャージーの両支部と、現地書店を視察した。

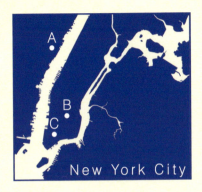

New York City

A 幸福の科学 ニュージャージー支部

ニューヨーク支部精舎を視察した後、大川総裁はマンハッタンを出てニュージャージー支部を訪問。同支部は、ハドソン川を挟んでニューヨークの対岸に位置している。

B BARNES&NOBLE ユニオンスクエア店

大川隆法総裁(中央)、夫人の大川紫央総裁補佐(右)、三男の大川裕太常務理事(左)

全米最大規模を誇る書店チェーンBARNES & NOBLE。その旗艦店であるユニオンスクエア店では、大川総裁の講演会を間近に控え、「Ryuho Okawa in N.Y.」フェアを開催した。大川総裁も著者として視察に赴いている。

C 幸福の科学 ニューヨーク支部精舎

ニューヨークでの講演「Freedom, Justice, and Happiness」を目前に控えた2016年9月29日、ニューヨーク支部精舎を大川総裁が視察。実に8年ぶりとなるマスターの訪問に、現地メンバーたちは大いに沸き立った。

Epil

新大統領のもとアメリ

アメリカは、まだ生きていた。
アメリカは、アメリカであるべきだ。
アメリカは、偉大かつ力強い教師であるべきだ。
（大統領選の）結果が神の意志を示している。

ドナルド・トランプ氏の勝利こそ神の答えなのだ。
彼は合衆国を再建し、再び偉大ならしめるだろう。
私はそう希望し、私たちはそう希望し、
世界の人々もそう願っている。

アメリカが再び分裂することはないだろう。

（『トランプ新大統領で世界はこう動く』より）

世界に広がる幸福の科学

いま、「大川隆法総裁の心の教えを学び、人生に希望を持った」という人が、国籍、人種、宗教を超えて広がっています。あなたもHappy Scienceに集いませんか。

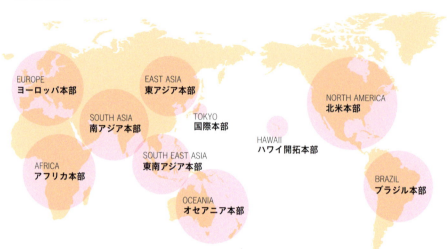

EUROPE ヨーロッパ本部
EAST ASIA 東アジア本部
NORTH AMERICA 北米本部
SOUTH ASIA 南アジア本部
TOKYO 国際本部
HAWAII ハワイ開拓本部
AFRICA アフリカ本部
SOUTH EAST ASIA 東南アジア本部
BRAZIL ブラジル本部
OCEANIA オセアニア本部

主な海外支部の所在地と連絡先

New York Local Temple
79 Franklin Street,
New York, NY 10013, U.S.A.
1-212-343-7972　FAX 1-212-343-7973
ny@happy-science.org

New Jersey Local Branch
725 River Road, Suite 102B,
Edgewater, NJ 07020, U.S.A.
1-201-313-0127　FAX 1-201-313-0120
nj@happy-science.org

Florida Local Branch
5208 8th St.,
Zephyrhills, FL 33542, U.S.A.
1-813-715-0000　FAX 813-715-0010
florida@happy-science.org

Atlanta Local Branch
1874 Piedmont Ave., NE, Suite 360-C,
Atlanta, GA 30324, U.S.A.
1-404-892-7770
atlanta@happy-science.org

Los Angeles Local Temple
1590 E. Del Mar Blvd.,
Pasadena, CA 91106, U.S.A.
1-626-395-7775　FAX 1-626-395-7776
la@happy-science.org

San Francisco Local Temple
525 Clinton St.,
Redwood City, CA 94062, U.S.A.
1-650-363-2777
sf@happy-science.org

San Diego Local Branch
7841 Balboa Avenue, Suite #202,
San Diego, CA 92111
(626) 395-7775
sandiego@happy-science.org

Orange County Local Branch
10231 Slater Ave., #204,
Fountain Valley, CA 92708 U.S.A.
1-714-745-1140
oc@happy-science.org

London Local Temple
3 Margaret Street,
London W1W 8RE, United Kingdom
44-20-7323-9255　FAX 44-20-7323-9344
eu@happy-science.org

France Local Branch
56-60 rue Fondary 75015,
Paris, France
33-9-50-40-11-10
france@happy-science.org

Germany Local Branch
Rheinstr. 63, 12159,
Berlin, Germany
49-30-7895-7477　FAX 49-30-7895-7478
germany@happy-science.org

Moscow Local Branch
47A, street Vavilova, office 3,
Moscow 117312
7-49-9995-1453
russia@happy-science.org

NORTH AMERICA

Hawaii Local Branch
1221 Kapiolani Blvd, Suite 920,
Honolulu, HI 96814, U.S.A.
1-808-591-9772 **FAX** 1-808-591-9776
hi@happy-science.org

Kauai Local Branch
4504 Kukui Street, Dragon Building, Suite 21,
Kapaa, HI 96746, P.O.Box 1060, U.S.A.
1-808-822-7007 **FAX** 1-808-822-6007
kauai-hi@happy-science.org

Toronto Local Branch
323 College St. Toronto, ON,
M5T 1S2, Canada
1-416-901-3747
toronto@happy-science.org

Vancouver Local Branch
#212-2609 East 49th Ave.,
Vancouver, BC, V5S 1J9, Canada
1-604-437-7735 **FAX** 1-604-437-7764
vancouver@happy-science.org

AFRICA

Uganda Local Temple
Plot877 Rubaga Road, Kampala,
P.O. Box 34130, Kampala, Uganda
256-79-3238-002
uganda@happy-science.org

South Africa Local Branch
55 Cowey Road,
Durban 4001, South Africa
27-31-2071217 **FAX** 031-2076765
southafrica@happy-science.org

SOUTH AMERICA

South Sao Paulo Local Branch
R. Domingos de Morais 1154, Vila Mariana,
Sao Paulo, SP - CEP 04009-002
55-11-5574-0054 **FAX** 55-11-5088-3806
sp_sul@happy-science.org

Rio de Janeiro Local Branch
Largo do Machado, 21, Sala 605, Catete,
Rio de Janeiro, RJ, CEP22221-020
55-21-3689-1457
riodejaneiro@happy-science.org

Ghana Local Branch
28 Samora Machel Street, Asylum Down,
Accra, Ghana
233-30-703-1610
ghana@happy-science.org

Mexico Local Branch
Filadelfia 128, Napoles, Benito Juaréz,
03810, DF, México
52-55-1518-0723
mexico@happy-science.org

Peru Local Branch
Av. Olavegoya 1868, Jesús María,
Lima, Peru
51-1-2652676
peru@happy-science.org

Nigeria Local Branch
70c Allen Avenue Suite 03, Nikky
African Plaza, Ikeja, Lagos State, Nigeria
234-816-0070-558
nigeria@happy-science.org

ASIA

International HQ (Japan)
1-6-7 Togoshi, Shinagawa, Tokyo,
〒142-0041, Japan
03-6384-5770 **FAX** 03-6384-5776
tokyo@happy-science.org

Singapore Local Branch
110 Robinson Road #10-00,
068901, Singapore
65 6837 0777/6837 0771 **FAX** 65 6837 0772
singapore@happy-science.org

Taytay Local Branch
LGL Bldg, 2nd Floor, Kadalagaham cor,
Rizal Ave. Taytay, Rizal, Philippines
63-2-571-0686
philippines@happy-science.org

Malaysia Local Temple
No.22A, Block 2, Jalil Link, Jalan Jalil Jaya 2,
Bukit Jalil, 57000 Kuala Lumpur, Malaysia
60-3-89987877 **FAX** 60-3-8998-7977
malaysia@happy-science.org

Hong Kong Local Branch
Workshop Unit No.12, 12/F. Block B, Hoi Luen Industrial
Centre No. 55, Hoi Yuen Rd., Kwun Tong, Kowloon
85-2-2891-1963
hongkong@happy-science.org

Taipei Local Temple
No.89, Lane 155, Dunhua N. Rd.,
Songshan District, Taipei City 105, Taiwan
886-2-2719-9377 **FAX** 886-2-2719-5570
taiwan@happy-science.org

OCEANIA

Sydney Local Branch
516 Pacific Highway, Lane Cove North,
NSW 2066, Australia
61-2-9411-2877 **FAX** 61-2-9411-2822
sydney@happy-science.org

Melbourne Local Branch
398 St. Kilda Road,
St. Kilda VIC 3182, Australia
61-3-9537-0047
melbourne@happy-science.org

New Zealand Local Branch
2/125 Grafton Road, Grafton,
Auckland, 1010 New Zealand
64-9-369-5677
newzealand@happy-science.org

幸福の科学 最寄りの支部はこちらまで

この他にも、数多くの幸福の科学の支部が全世界にございます。最寄りの支部の住所や連絡先等をお探しの方は、以下のウェブサイトをご覧ください。

http://map.happy-science.jp/　幸福の科学 支部　検索

幸福の科学グループの災害復興支援、チャリティー活動について

幸福の科学グループでは、
魂を救済する宗教活動が最大の社会貢献であり、
公益活動だと考えています。
世界の人々の幸福を願い、
「HS・ネルソン・マンデラ基金」を通じて
物心両面からサポートする活動を
続けています。

最近の災害復興支援例

- 2015年、大地震があったネパールで避難所を提供し、食料などの物資の支援も行った。
- 2016年、復興支援として、カトマンズ市内とゴルカ地方等の学校の修復工事を実施。
- 震災遺児を中心に、ネパールの孤児院や中高・大学生に奨学金支援も実施予定。

最近のチャリティー活動例

- 2015年、ガーナとナイジェリアで、エボラ出血熱や伝染病対策のチャリティーを実施。
- 2014年、ケニアの公立高校に、推薦図書として指定されている書籍を寄贈。
- ベナンの孤児院に、教科書と書籍、学費を支援。

「HS・ネルソン・マンデラ基金」は、人種差別、男女差別、カースト差別、貧困や政治弾圧などに苦しむ世界中の人たちに、教育や医療などの支援を行っていくために2013年12月に設立された、幸福の科学グループ内の基金です。

「不惜身命」特別版・ビジュアル海外巡錫シリーズ
大川隆法 ニューヨーク巡錫の軌跡
自由、正義、そして幸福

2017年1月10日　初版第1刷

監　修　大　川　隆　法
編　集　宗教法人 幸福の科学
発行所　幸福の科学出版株式会社
　　　　〒107-0052　東京都港区赤坂2丁目10番14号
　　　　TEL（03）5573-7700
　　　　http://www.irhpress.co.jp/

印刷・製本　株式会社 堀内印刷所

落丁・乱丁本はおとりかえいたします
©Ryuho Okawa 2017. Printed in Japan. 検印省略
ISBN 978-4-86395-864-7　C0014

BOOKS

大川隆法著作シリーズ
全世界で**2100**書以上発刊

※2016年12月現在

大川総裁の著作は海外28言語に翻訳され、日本はもとより世界に愛読者を持つ。

年間最多発刊 点数52冊
（2009〜2010年 ギネス世界記録認定）
※2014年は、年間でこの記録の3倍を超える161冊を発刊。

　大川隆法総裁は、その中心的思想となる「法シリーズ」をはじめ、古今東西の霊人の現代へのメッセージを伝える「公開霊言シリーズ」など、すべての人を幸福に導くために、数多くの著作を世に問い続けています。そのジャンルは人生論、スピリチュアル、教育、政治、経済、時事問題等さまざま。「あなたの人生を変える1冊」が必ず見つかります。

大川隆法 ベストセラーズ・法シリーズ

愛と悟り、文明の流転、そして未来史 ── 現代の聖典「基本三法」

法体系
エル・カンターレへの道
『太陽の法』
2,160円（税込）

時間論
エル・カンターレの歴史観
『黄金の法』
2,160円（税込）

空間論
エル・カンターレの世界観
『永遠の法』
2,160円（税込）

上記の書籍はすべて幸福の科学出版刊　幸福の科学出版　検索

BOOKS

世界の未来を読み解く

最新刊

強いアメリカの復活で日本の繁栄も実現する！

『トランプ新大統領で世界はこう動く』

1,620円（税込）

世界中のマスコミがミスリードしたドナルド・トランプ氏の本質をいち早く見抜き、かねてより大統領に推奨していた著者が、大統領選翌日に世界の未来図を語った。IS問題や北朝鮮の核、対中経済戦略───。これからのアメリカとの関係を考える上での最良のテキスト。

数々の暴言の裏に隠された本心を明かす

『守護霊インタビュー ドナルド・トランプ アメリカ復活への戦略』
1,512円（税込）
2016年大統領選で物議を醸したイスラム教徒の入国禁止をはじめ、テロや移民対策などの懸案事項に対する、トランプ氏の大胆かつ慎重な戦略が明らかに。

建国の父が望むアメリカのあるべき姿とは

『アメリカ合衆国建国の父 ジョージ・ワシントンの霊言』
1,512円（税込）
人種差別問題、経済政策、そして対中・対露戦略……。建国の父が語る「強いアメリカ」復活の条件とは？ トランプ氏の霊的秘密も明らかに！

対日外交に対する本音を探る

★『ヒラリー・クリントンの政治外交リーディング』
1,512円（税込）
トランプ氏と大統領選を競ったヒラリー・クリントン氏の、国務長官時代の守護霊言。日本の弱腰外交、中国の覇権主義についての本音が語られる。

黒人解放運動の指導者が天国から贈るメッセージ

『キング牧師 天国からのメッセージ』
1,512円（税込）
宗教対立とテロ、貧困と移民問題、そして米大統領選のゆくえ──。黒人解放運動に生涯をささげたキング牧師から現代人へのメッセージ。

国際政治学の権威は国際情勢をどう読むのか

『ヘンリー・キッシンジャー博士 7つの近未来予言』
1,620円（税込）
国際政治学の権威、ヘンリー・キッシンジャー博士の守護霊インタビュー。「米中覇権戦争」勃発の可能性やEU危機の行方、ロシアの未来を読み解く。

★は幸福実現党刊、その他の書籍はすべて幸福の科学出版刊　幸福の科学出版　検索

BOOKS

"幸せになるため"に、あなたは生まれてきた。

法シリーズ 第23弾 最新刊

第1章 心の時代を生きる
第2章 魅力ある人となるためには
第3章 人類幸福化の原点
第4章 時代を変える奇跡の力
第5章 慈悲の力に目覚めるためには
第6章 信じられる世界へ

『伝道の法』人生の「真実」に目覚める時

2,160円（税込）

大好評「法シリーズ」の第23弾。「人は、どこからきて、どこへ還（かえ）るのか」という根本的な問いから人生を見つめ直し、充実した、魅力ある人生を送るための知識、哲学、ノウハウを伝授（でんじゅ）する。ただのスピリチュアルでも、ただの自己啓発でもない、新しい生き方論。

『正義の法』特別講義編

『正義の法』
2,160円（税込）

混迷する世界、迷走する日本に難問の解決策を提言

『地球を救う正義とは何か』
1,620円（税込）

シリーズ第5弾。アベノミクスの失速、米国の後退、中国の軍拡……。先の見えない世界の現状に、「地球的正義」の観点から人類の未来を指し示す最新提言。

『現代の正義論』
1,620円（税込）

シリーズ第1弾。北朝鮮の水爆実験、沖縄問題、マイナス金利などの時事問題に答え、国際社会に必要な「正義」を問う。

『世界を導く日本の正義』
1,620円（税込）

シリーズ第2弾。20年以上前から北朝鮮の危険性を指摘してきた著者が、抑止力としての「核装備」を提言。

『正義と繁栄』
1,620円（税込）

シリーズ第3弾。マイナス金利や消費増税先送りは政府の失政隠しだった。日本の国家社会主義化に警鐘を鳴らす書。

『未来へのイノベーション』
1,620円（税込）

シリーズ第4弾。「マスコミ全体主義」で漂流する日本に、正しい価値観の樹立による「幸福への選択」を提言する。

上記の書籍はすべて幸福の科学出版刊　幸福の科学出版　検索

BOOKS

大川隆法「不惜身命」特別版 ビジュ

「ビジュアル海外巡錫シリーズ」は、大川総裁が世界各地で行っている

20000キロを越えて届けられた世界教師の救世のメッセージ

**大川隆法
ブラジル巡錫の軌跡**

2010.11.7「神秘の力について」 2010.11.9「常勝思考の力」 2010.11.10「幸福への道」 2010.11.12「真実への目覚め」 2010.11.14「愛と天使の働き」

仏教発祥の地の人びとが「再誕の仏陀」として迎えた

**大川隆法
インド・ネパール巡錫の軌跡**

2011.2.27「Faith and Love」(信仰と愛) 2011.3.2「How to Succeed in Life」(人生で成功する方法) 2011.3.4「Life and Death」(生と死) 2011.3.6「The Real Buddha and New Hope」(真なる仏陀と新たな希望)

2500年の時をへて、ついに仏教が「発展の悟り」に出逢った

**大川隆法
スリランカ巡錫の軌跡**

2011.11.6「The Power of New Enlightenment」(新しき悟りの力)

過去の悲劇から希望の未来へ 21世紀に示されたアフリカの使命

**大川隆法
ウガンダ巡錫の軌跡**

2012.6.23「The Light of New Hope」(新しき希望の光)

アル海外巡錫シリーズ

講演の熱気を、豊富な写真と講演抜粋で再現するシリーズです。

大川隆法
フィリピン・香港巡錫の軌跡

2011.5.21 「Love and Spiritual Power」（愛と霊界の秘術） 2011.5.22 「The Fact and The Truth」（「事実」と「真実」）

大川隆法
シンガポール・マレーシア巡錫の軌跡

2011.9.15 「Happiness and Prosperity」（幸福と繁栄） 2011.9.18 「The Age of Mercy」（慈悲の時代）

大川隆法
オーストラリア巡錫の軌跡

2009.3.29 「You Can Be the Person You Want to Become」（人は、願った通りの人間になれる） 2012.10.14 「Aspirations for the Future World」（未来世界への大志）

書籍はすべて定価1,404円（税込）
幸福の科学出版刊　幸福の科学出版　検索

WHAT'S HAPPY SCIENCE?

幸福の科学の信仰と教え

■ 幸福の科学グループ創始者 兼 総裁について

宗教家、教育者、国師、そして世界教師として。
愛と悟りの思想を、世界へ。

幸福の科学グループ
創始者 兼 総裁 　大川隆法（おおかわりゅうほう）

1956（昭和31）年7月7日、徳島県に生まれる。東京大学法学部卒業後、大手総合商社に入社し、ニューヨーク本社に勤務するかたわら、ニューヨーク市立大学大学院で国際金融論を学ぶ。81年、大悟（たいご）し、人類救済の大いなる使命を持つ「エル・カンターレ」であることを自覚する。86年、「幸福の科学」を設立。2016年には立宗30周年を迎え、信者は世界100カ国以上に広がっており、全国・全世界に精舎・支部精舎等を700カ所以上、布教所を約1万カ所展開している。説法回数は2500回を超え（うち英語説法100回以上）、また著作は28言語に翻訳され、発刊点数は全世界で2100書を超える。『太陽の法』（幸福の科学出版刊）をはじめとする著作の多くはベストセラー、ミリオンセラーとなっている。また、映画「君のまなざし」（2017年初夏公開）など、11作の劇場用映画を製作総指揮している。ハッピー・サイエンス・ユニバーシティと学校法人 幸福の科学学園（中学校・高等学校）の創立者、幸福実現党創立者兼総裁、HS政経塾創立者兼名誉塾長、幸福の科学出版（株）創立者、ニュースター・プロダクション（株）の会長でもある。

大川隆法 公式　検索

■ 幸福の科学の信仰対象について
すべての宗教を統合する地球神エル・カンターレ

地球神エル・カンターレとは、地球の至高神です。「生きとし生けるもの、すべてを幸福にする」ことを目的とした霊存在であり、その御名には「地球の光」という意味があります。これまで、仏陀、イエス、孔子、ソクラテスなど、数多くの高級霊を地上に送り出すことで、人類を指導してきました。

また、その分身が、ギリシャにヘルメスとして、インドに仏陀として生まれ、西洋と東洋文明の源となりました。そして今、エル・カンターレの本体意識が、大川隆法総裁として生まれ、諸宗教を統合し、世界から争いをなくすために活動しています。

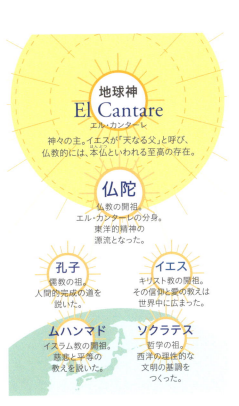

地球神 El Cantare エル・カンターレ
神々の主。イエスが「天なる父」と呼び、仏教的には、本仏といわれる至高の存在。

仏陀
仏教の開祖。エル・カンターレの分身。東洋的精神の源流となった。

孔子
儒教の祖。人間的完成の道を説いた。

イエス
キリスト教の開祖。その信仰と愛の教えは世界中に広まった。

ムハンマド
イスラム教の開祖。慈悲と平等の教えを説いた。

ソクラテス
哲学の祖。西洋の理性的な文明の基調をつくった。

■ 幸福の科学の教えについて
人間を幸せにする4つの原理──四正道(よんしょうどう)

大川隆法総裁は、人間が幸福に生きるための心の教えを説いています。その具体的な実践項目が、「愛・知・反省・発展」からなる四正道です。

愛──見返りを求めず、人を愛すること。「与える愛」は幸せの基本です。

知──心の法則や霊的知識を学ぶことで、物事の善悪を見分ける基準が身につきます。

反省──マイナスの思いと行いを改めること。心の汚れを取り除き、清らかな心になります。

発展──人格の向上や魂の向上を目指しながら、幸福な社会を実現する努力をすることです。

WHAT'S HAPPY SCIENCE?

幸福の科学の支部・精舎紹介

幸福の科学は、全国・全世界に支部や精舎(しょうじゃ)を700カ所以上、布教所を約1万カ所展開

幸福の科学の支部＆拠点

日常生活に溶け込んだ癒しのスペース

法話を拝聴(はいちょう)したり、学びを深めたりと、信者の集(つど)いの場となるのが、支部や拠点です。自宅や職場の近くにある支部や拠点では、「女性部」「青年部」「学生部」「百歳まで生きる会」といったグループによる活動も活発に行われ、仲間同士の交友も盛んです。ちょっと心を癒したり、相談したり。日常生活に欠かすことのできないスペースとなっています。

【主な行事】
新年大祭	1月
宗教法人設立記念式典	3月7日
大悟祭	3月23日
幸福供養大祭	3月・8月
家庭ユートピア祈願大祭	4月・11月
ヘルメス大祭	5月
御生誕祭	7月
立宗記念式典	10月6日
初転法輪祭	11月23日
降魔成道記念日	12月8日
エル・カンターレ祭	12月

心の教えからライフスタイルの提案まで。家族みんなで楽しめる冊子も充実。

し、幸せな人生を送るための教えの学習や人生相談など、多様な活動を行っています。

幸福の科学の精舎

日本各地、世界各国に大型研修施設を建立(こんりゅう)

幸福の科学の参拝や研修を行う場が、正心館(しょうしんかん)や精舎と呼ばれる大型施設です。風光明媚(ふうこうめいび)な景勝地(けいしょうち)の他、東京や大阪等の都市にも建立。さらに海外にも広がっています。

神秘的で静寂(せいじゃく)な空間で瞑想(めいそう)や研修を

正心館や精舎は、この世ならざる神聖な空間です。ここでの瞑想や祈願を通して、天使や守護霊の導きにより、スピリチュアルな自分に目覚めることができます。

①《参拝》どなたでもご自由に参拝できます。
②《研修》人生の課題の克服や大きな決断など、目的に合わせた研修が数多くそろっています。
③《祈願》病気平癒、経済繁栄、悪霊撃退等、種類は多様。主や指導霊の指導と御光を賜ります。
④《結婚式など》各精舎では、結婚式や葬儀、供養等、さまざまなプランを用意しています。

幸福の科学 精舎 検索

WHAT'S HAPPY SCIENCE?

幸福の科学グループのご案

幸福の科学の信仰の対象は地球系霊団の最高大霊、主エル・カンターレ。世界100カ国以上に信者を持ち、全人類救済という尊い使命のもと、信者は、「愛」と「悟り」と「ユートピア建設」に集約される教えの実践と伝道に励んでいます。

愛
当会の「愛」とは「見返りを求めずに与えること」です。仏教で言う慈悲や布施の精神のことです。

悟り
自らが仏の子であることを知ることです。教学や精神統一で心を磨き、悩みを解く力を身につけます。

ユートピア建設
この世界に理想世界を建設することです。人は地上を理想世界にする使命を持って生まれています。

https://happy-science.jp/　幸福の科学 公式　検索

内

宗教、教育、政治、出版などの活動を通じて、地球的ユートピアの実現を目指しています。

宗教活動

幸福の科学は全国・全世界に拠点があり、地域に根ざした活動を行っています。法話拝聴会をはじめ、「経済繁栄祈願」「悪霊撃退祈願」「病気平癒祈願」などの祈願、人生相談も行っています。

2015年7月のさいたまスーパーアリーナの様子。

教育事業

幸福の科学が説く教育理念のもとに創られた中学・高等学校「幸福の科学学園」は、徳力と学力を兼ね備え、世界で活躍できるリーダーの輩出を目指しています。2010年に那須本校が、2013年に関西校が開校。2015年には高等宗教研究機関「ハッピー・サイエンス・ユニバーシティ」が開学しました。

那須本校での授業風景。

政治

「人々の幸福を具体的に実現する」という、大川隆法総裁の理念を実現するため、2009年立党の「幸福実現党」や2010年開塾の「HS政経塾」の活動を通して、外交や国防、経済、教育などの問題に提言を続けています。

幸福実現党のデモの様子。

社会活動＆海外支援

社会貢献活動の一環として、2003年から「自殺を減らそうキャンペーン」を展開するほか、発展途上国や被災地への支援などのチャリティー活動も継続的に行っています。

幸福の科学が支援する、ネパールのシュリ・マハラクシミ中学校の生徒たち。

「自殺を減らそうキャンペーン」の様子。

出版＆メディア事業

大川隆法総裁の著作を中心に、ビジネス、自己啓発、小説など、さまざまなジャンルの書籍・雑誌を出版しています。他にも、映画事業、テレビ・ラジオ番組の提供など、幸福の科学文化を広げる事業を行っています。

大川隆法総裁の著作は28言語に翻訳され、世界各国で読まれている。

入会のご案内

あなたも、幸福の科学に集い、ほんとうの幸福を見つけてみませんか?

幸福の科学では、大川隆法総裁が説く仏法真理をもとに、「どうすれば幸福になれるのか、また、他の人を幸福にできるのか」を学び、実践しています。

入会

大川隆法総裁の教えを信じ、学ぼうとする方なら、どなたでも入会できます。入会された方には、『入会版「正心法語」』が授与されます(入会の奉納は1,000円目安です)。

ネットでも入会できます。詳しくは、下記URLへ。
happy-science.jp/joinus

三帰誓願(さんきせいがん)

仏弟子としてさらに信仰を深めたい方は、仏・法・僧の三宝への帰依を誓う「三帰誓願式」を受けることができます。三帰誓願者には、『仏説・正心法語』『祈願文①』『祈願文②』『エル・カンターレへの祈り』が授与されます。

植福(しょくふく)の会

植福とは、自分が持っている富を人々の幸福のために差し出す布施(ふせ)のことです。植福の会では毎月1口1,000円から受け付けています。布施は、幸福の科学の施設建立や被災地支援、自殺防止活動などに使われています。

「植福」の用途(一例)

2013年11月末、フィリピンの台風被災地支援のため、現地NGO団体へ支援金を寄付(写真左)。2014年8月30日には、釈尊(しゃくそん)生誕の地・ネパールに、支部精舎が落慶しました(写真右)。

● 幸福の科学サービスセンターにお電話の上、「植福の会に申し込みたい」とお伝えください。「植福の会」申込書をお送りしますので、必要事項を記入し、幸福の科学サービスセンターに郵送ください。

INFORMATION

幸福の科学サービスセンター
TEL.03-5793-1727 (受付時間 火〜金:10〜20時/土・日・祝日:10〜18時)
幸福の科学 公式サイト happy-science.jp